shkolla - iskola	2
udhëtim - utazás	5
transport - közlekedés	8
qytet - város	10
peisazh - táj	14
restorant - étterem	17
supermarket - szupermarket	20
pije - italok	22
ushqim - étel	23
fermë - gazdálkodás	27
shtëpi - ház	31
dhomë ndenjeje - nappali	33
kuzhinë - konyha	35
tualet - fürdőszoba	38
dhomë fëmijësh - gyerekszoba	42
veshje - ruházat	44
zyrë - iroda	49
ekonomi - gazdaság	51
profesionet - foglalkozások	53
mjete - szerszámok	56
instrumenta muzikorë - hangszerek	57
kopsht zoologjik - állatkert	59
sportet - sportok	62
aktivitet - tevékenységek	63
familje - család	67
trupi - test	68
spital - kórház	72
emergjencë - vészhelyzet	76
toka - föld	77
orë - óra	79
javë - hét	80
vit - év	81
forma - alakzatok	83
ngjyra - színek	84
të kundërta - ellentétek	85
numra - számok	88
gjuhët - nyelvek	90
kush / çfarë / si - ki / mi / hogyan	91
ku - hol	92

Impressum
Verlag: BABADADA GmbH, Nedderfeld 112 , 22529 Hamburg
Geschäftsführer / Verlagsleitung: Harald Hof
Druck: Books on Demand GmbH, In de Tarpen 42, 22848 Norderstedt

Imprint
Publisher: BABADADA GmbH, Nedderfeld 112 , 22529 Hamburg, Germany
Managing Director / Publishing direction: Harald Hof
Print: Books on Demand GmbH, In de Tarpen 42, 22848 Norderstedt, Germany

shkolla
iskola

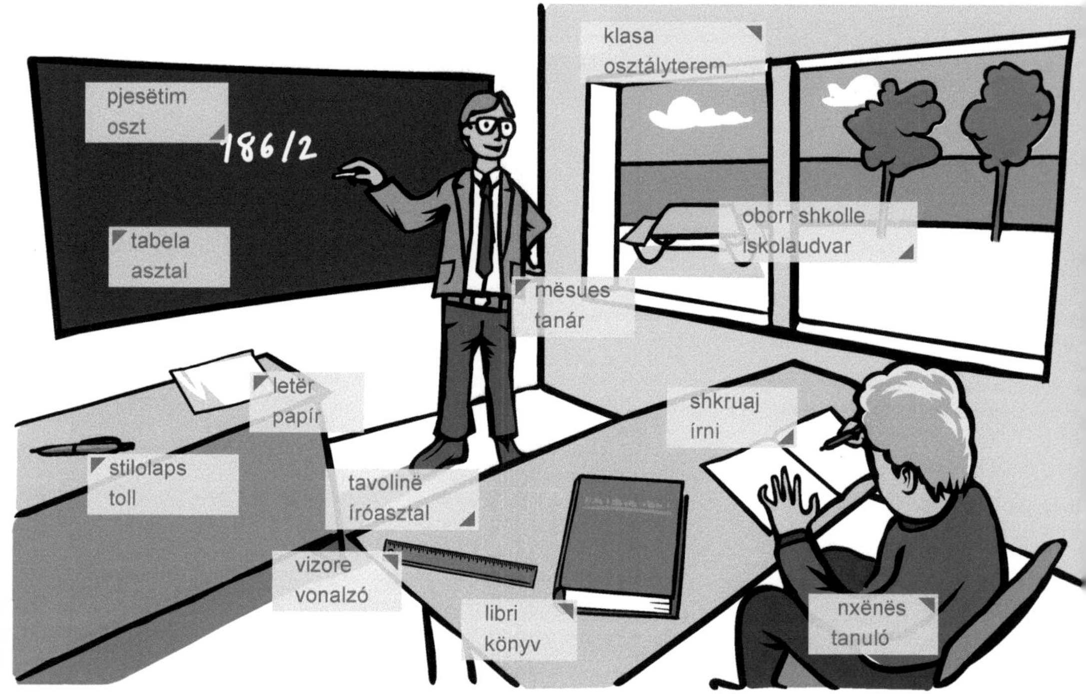
klasa
osztályterem
pjesëtim
oszt
186/2
tabela
asztal
oborr shkolle
iskolaudvar
mësues
tanár
letër
papír
shkruaj
írni
stilolaps
toll
tavolinë
íróasztal
vizore
vonalzó
libri
könyv
nxënës
tanuló

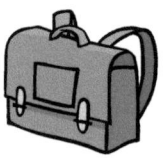

çantë

iskolatáska

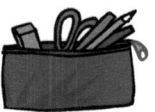

mbajtëse lapsash

tolltartó

laps

ceruza

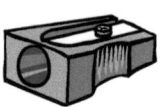

mprehës lapsash

ceruzahegyező

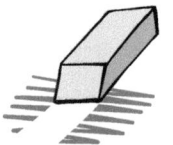

gomë

radír

fletore vizatimi

rajzfüzet

vizatim

rajz

penel

ecset

kuti bojërash

festőkészlet

gërshërë

olló

ngjitës

ragasztó

fletore detyrash

munkafüzet

detyrë shtëpie

házi feladat

12

numër

szám

2+2

mbledh

összead

5-2

zbres

kivon

2×2

shumëzoj

szoroz

llogaris

számol

A

gërmë

betű

ABCDEFG
HIJKLMN
OPQRSTU
VWXYZ

alfabeti

ABC

hello

fjalë

szó

tekst

szöveg

lexoj

olvasni

shkumës

kréta

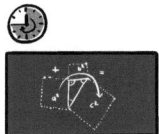

mësim

tanóra

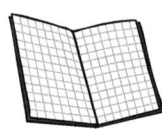

regjistër

napló

provim

vizsga

çertifikatë

bizonyítvány

uniformë shkolle

iskolai egyenruha

arsimim

oktatás

enciklopedia

enciklopédia

universitet

egyetem

mikroskop

mikroszkóp

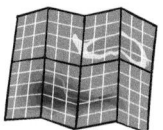

hartë

térkép

kosh letrash

papír-hulladék gyűjtő

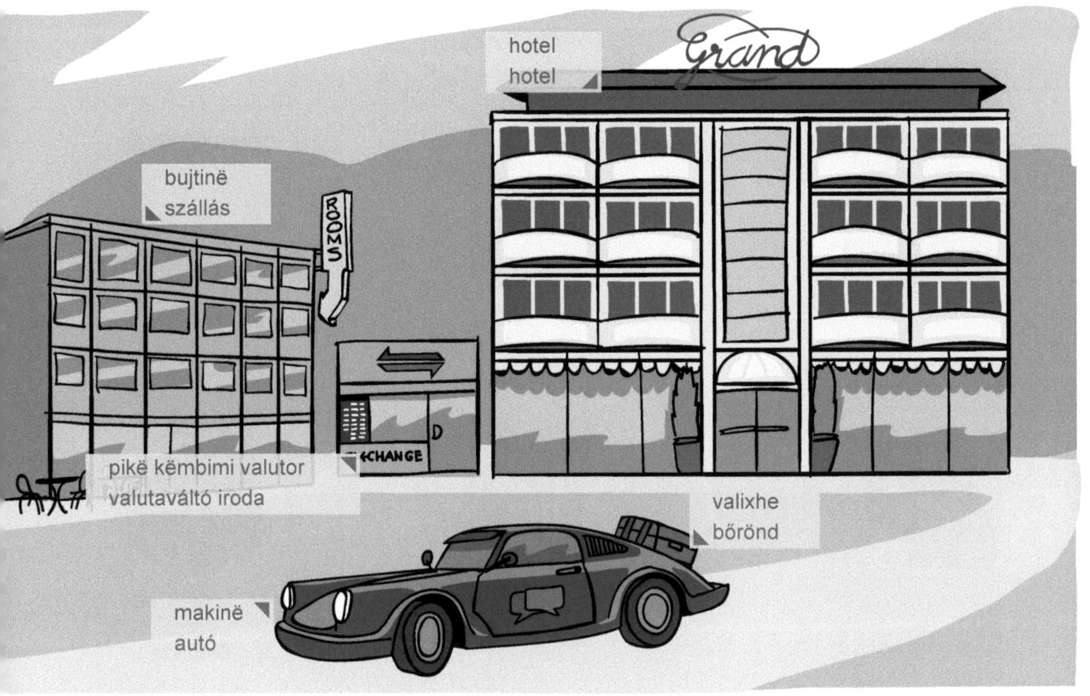

hotel
hotel

Grand

bujtinë
szállás

ROOMS

pikë këmbimi valutor
valutaváltó iroda

€CHANGE

valixhe
bőrönd

makinë
autó

gjuhë

nyelv

po / jo

igen/nem

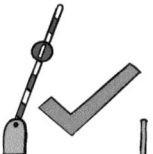

Në rregull

rendben

ç'kemi

szia

përkthyes

fordító

Faleminderit

köszönöm

sa kushton...?

mennyibe kerül...?

nuk e kuptoj

nem értem

problem

probléma

Mirëmbrëma!

Jó estét!

Mirëmëngjes!

jó reggelt!

Natën e mirë!

jó éjszakát!

mirupafshim

viszontlátásra

drejtim

útirány

bagazhet

poggyász

çantë

táska

çantë shpine

hátizsák

mysafir

vendég

dhomë

szoba

thes gjumi

hálózsák

tendë

sátor

informacion për turistët

turista információ

plazh

strand

kartë krediti

hitelkártya

mëngjes

reggeli

drekë

ebéd

darkë

vacsora

Biletë

jegy

ashensor

lift

pulla

bélyeg

kufi

határ

doganë

vám

ambasadë

nagykövetség

vizë

vízum

pasaportë

útlevél

transport
közlekedés

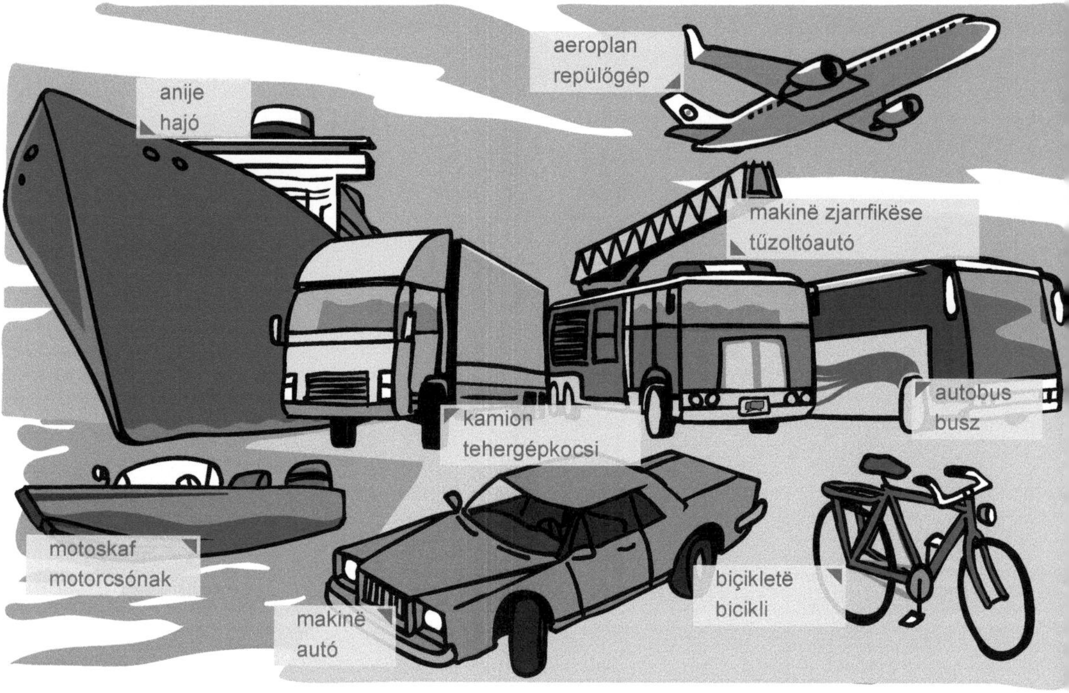

aeroplan
repülőgép
anije
hajó
makinë zjarrfikëse
tűzoltóautó
autobus
busz
kamion
tehergépkocsi
motoskaf
motorcsónak
biçikletë
bicikli
makinë
autó

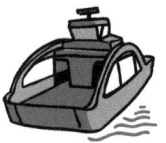

traget
komp

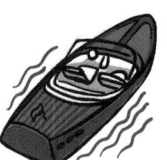

varkë
csónak

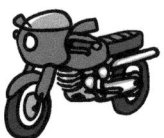

motoçikletë
motorkerékpár

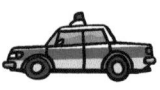

makinë policie
rendőrautó

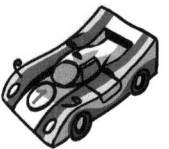

makinë garash
versenyautó

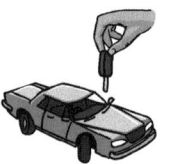

makinë me qira
bérautó

ndarje e qirasë së makinës
telekocsi

karroatrec
vontató

makinë plehrash
szemetes autó

motor
motor

benzinë
üzemanyag

pikë karburanti
benzinkút

sinjalistikë trafiku
közlekedési tábla

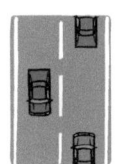

trafik
forgalom

bllokim trafiku
forgalmi dugó

parkim makinash
parkoló

stacion treni
vonatállomás

trase
sínek

tren
vonat

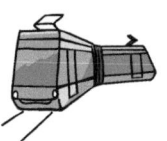

tramvaj
villamos

karro
vagon

helikopter
helikopter

aeroport
repülőtér

kullë
torony

pasagjer
utas

kontenier
konténer

kuti kartoni
kartondoboz

qerre
taliga

shportë
kosár

ngrihem / ulem
felszáll / leszáll

qytet
város

fshat
falu

qendra e qytetit
városközpont

shtëpi
ház

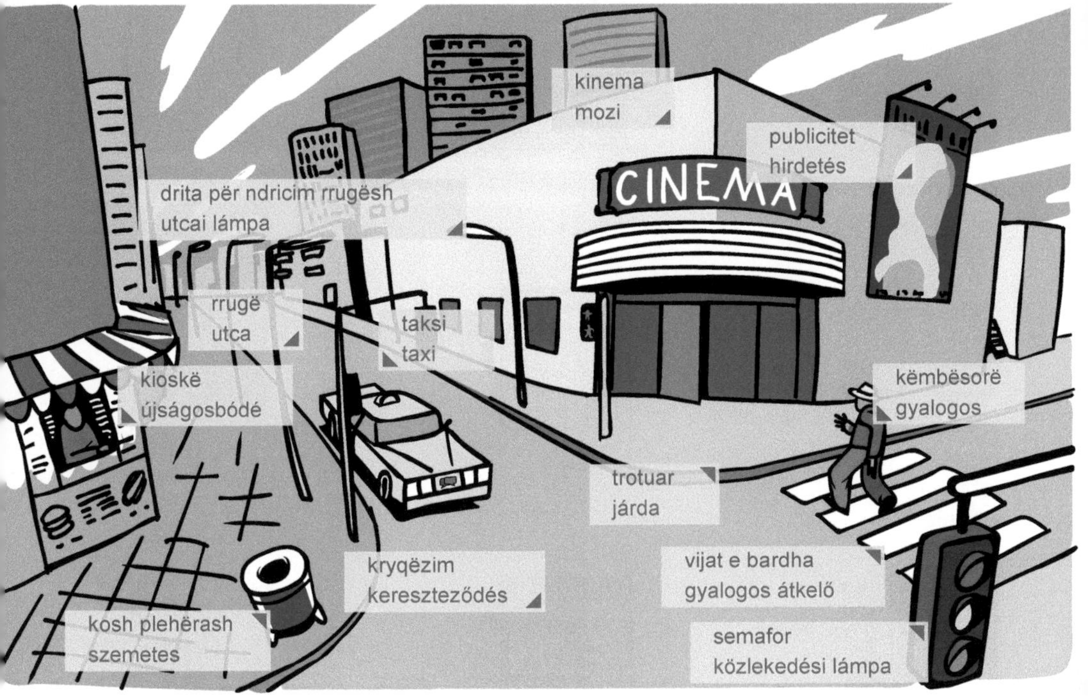
kinema
mozi
publicitet
hirdetés
CINEMA
drita për ndricim rrugësh
utcai lámpa
rrugë
utca
taksi
taxi
kioskë
újságosbódé
këmbësorë
gyalogos
trotuar
járda
kryqëzim
kereszteződés
vijat e bardha
gyalogos átkelő
kosh plehërash
szemetes
semafor
közlekedési lámpa

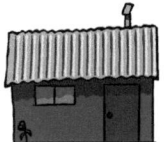

kasolle

kunyhó

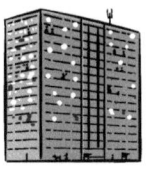

apartament

lakás

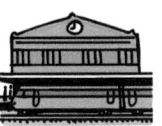

stacion treni

vonatállomás

bashki

városháza

MUSEUM

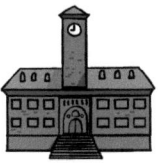

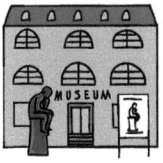

muze

múzeum

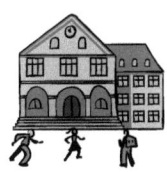

shkolla

iskola

universitet

egyetem

bankë

bank

spital

kórház

hotel

hotel

farmaci

gyógyszertár

zyrë

iroda

librari

könyvesbolt

dyqan

üzlet

dyqan lulesh

virágüzlet

supermarket

szupermarket

market

piac

mapo

áruház

dyqan peshku

halárus

qëndër tregtare

bevásárló központ

port

kikötő

park

park

stol

pad

urë

híd

shkallë

lépcső

metro

metró

tunel

alagút

stacion autobuzi

buszmegálló

bar

bár

restorant

étterem

kuti postare

postaláda

sinjalistikë rrugore

utcatábla

kohëmatës parkimi

parkoló óra

kopsht zoologjik

állatkert

pishinë

uszoda

xhami

mecset

fermë
gazdálkodás

ndotje
környezetszennyezés

varrezë
temető

kishë
templom

shesh lojërash
játszótér

tempull
szentély

peisazh
táj

gjethe
levél

tabela orientuese
útjelző tábla

rrugë
út

livadh
rét

gurë
kő

ekskursionist
túrázó

pemë
fa

lumë
folyó

bar
fű

lule
virág

luginë
völgy

kodër
domb

liqen
tó

pyll
erdő

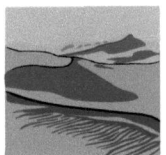

shkretëtirë
sivatag

vullkan
vulkán

kështjellë
kastély

ylber
szivárvány

kepudhë
gomba

palmë
pálmafa

mushkonjë
szúnyog

mizë
légy

milingonë
hangya

bletë
méhecske

merimangë
pók

brumbull

bogár

bretkosë

béka

ketër

mókus

iriq

sündisznó

lepur

nyúl

buf

bagoly

zog

madár

mjellmë

hattyú

derr i egër

vaddisznó

dre

szarvas

dre brilopatë

rénszarvas

digë

gát

turbinë ere

szélturbina

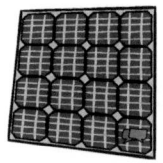

panel diellor

napelem

klimë

éghajlat

restorant
étterem

kamarier
pincér
menu
menü
karrige
szék
supë
leves
pica
pizza
set ngrënieje
evőeszköz
mbulesë tavoline
terítő

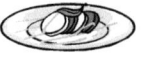

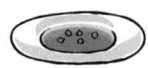

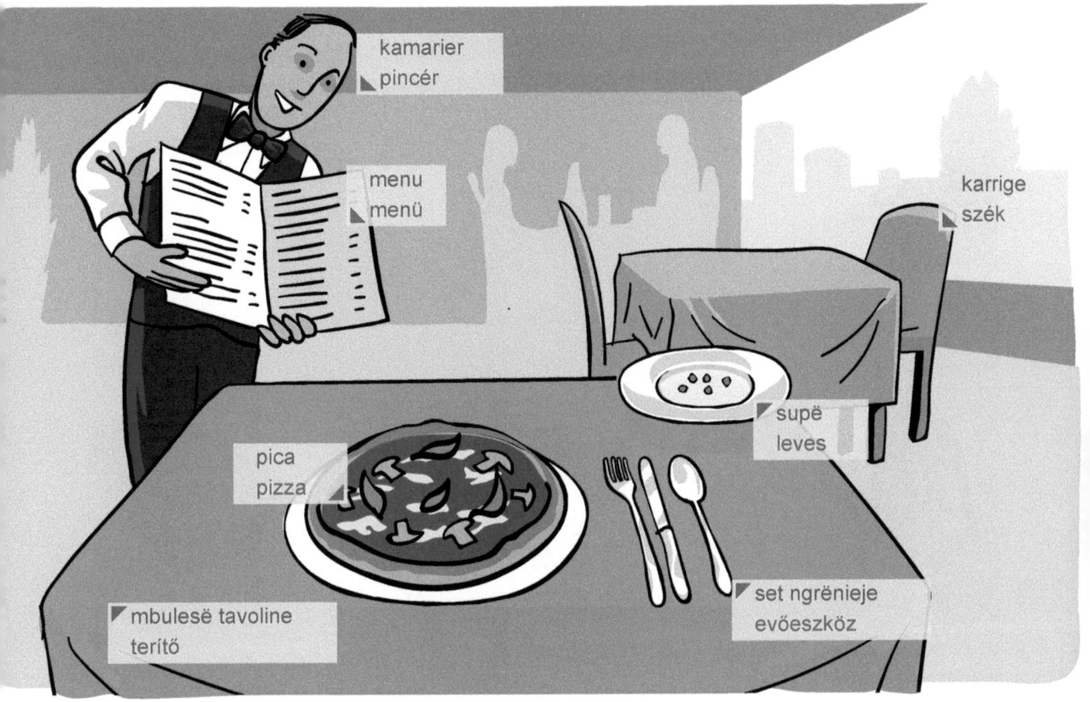

pjatë e parë

előétel

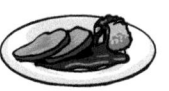

pjatë kryesore

főétel

ëmbëlsirë

desszert

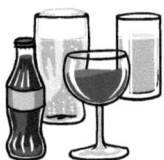

pije

italok

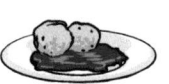

ushqim

étel

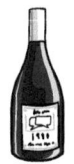

shishe

üveg

ushqim i shpejtë

gyorsétel

ushqim i shërbyer në rrugë

gyorsétel

ibrik çaji

teás kanna

kuti sheqeri

cukortartó

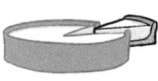

racion

adag

makinë kafeje ekspres

eszpresszógép

karrige e lartë

bárszék

faturë

számla

tabaka

tálca

thika

kés

pirun

villa

lugë

kanál

lugë çaji

teáskanál

pecetë

szalvéta

gotë

pohár

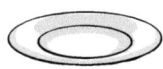

pjatë

tányér

pjatë supe

leveses tányér

pjatë filxhani

csészealj

salcë

szósz

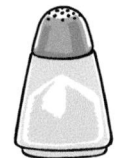

mbajtëse kripe

sószóró

mulli piperi

borsőrlő

uthull

ecet

vaj

étkezési olaj

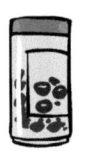

erëza

fűszerek

keçap

ketchup

mustardë

mustár

majonezë

majonéz

supermarket
szupermarket

ofertë speciale
különleges ajánlat
FOR
klient
ügyfél
produkte bulmeti
tejtermék
frut
gyümölcsök
karrocë pazari
bevásárló kocsi

BUTCHERS

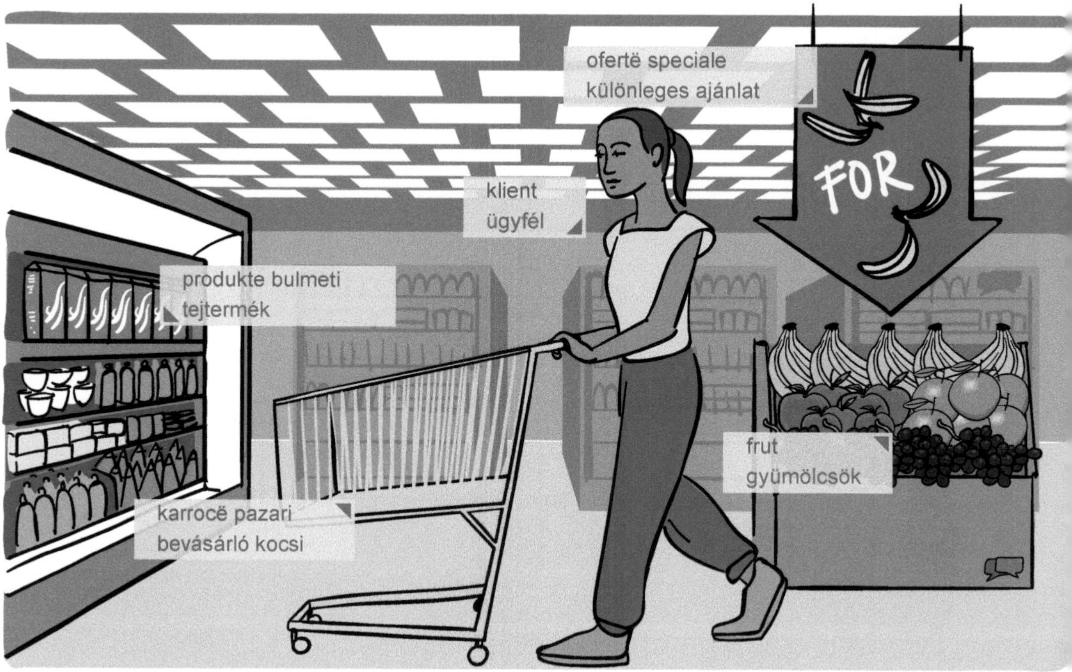

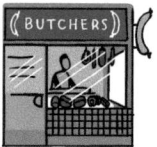

dyqan mishi

hentes

BAKERY

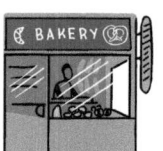

furrë buke

pékség

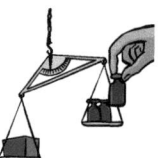

peshoj

nyom valamennyit

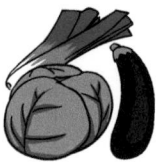

perime

zöldség

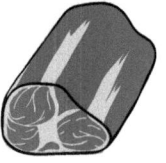

mish

hús

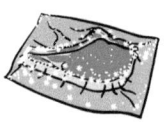

ushqim i ngrirë

fagyasztott áru

copë
felvágott

ushqim i konservuar
konzerv

pluhur larës
mosópor

ëmbëlsirat
édességek

prodhime shtëpie
háztartási termék

produkte pastrimi
tisztítószerek

shitëse
eladó

kasë fiskale
pénztárgép

arkëtar
eladó

listë blerjeje
bevásárló lista

oraret e punës
nyitva tartás

portofol
levéltárca

kartë krediti
hitelkártya

çantë
zacskó

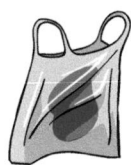

qese plastike
műanyag zacskó

ujë

víz

lëng frutash

gyümölcslé

qumësht

tej

koka-kola

kóla

verë

bor

birrë

sör

alkool

alkohol

kakao

kakaó

çaj

tea

kafe

kávé

kafe ekspres

eszpresszó

kapuçino

kapucsínó

banane

banán

mollë

alma

portokalle

narancs

pjepër

sárgadinnye

limon

citrom

karrotë

sárgarépa

hudhër

fokhagyma

bambu

bambusz

qepë

hagyma

kërpudha

gomba

arra

magvak

makarona

nokedli

spageti

spagetti

oriz

rizs

sallatë

saláta

patate të skuqura

sült krumpli

patate të skuqura

sült burgonya

pica

pizza

hamburger

hamburger

sanduiç

szendvics

shnicel

hússzelet

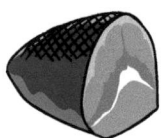

proshutë

sonka

sallam

szalámi

salçiçe

kolbász

pulë

csirke

skuq

pecsenye

peshk

hal

tërshërë

zabkása

drithëra

müzli

kornfleiks

kukoricapehely

miell

liszt

kruasant

croissant

panine

zsemle

bukë

kenyér

tost

pirítós kenyér

biskotë

keksz

gjalp

vaj

gjizë

túró

tortë

sütemény

vezë

tojás

vezë sy

tükörtojás

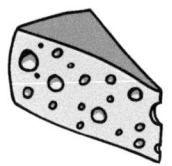

djathë

sajt

akullore

jégkrém

sheqer

cukor

mjaltë

méz

marmaladë

lekvár

çokokrem

mogyorókrém

këri

curry

fermë
gazdálkodás

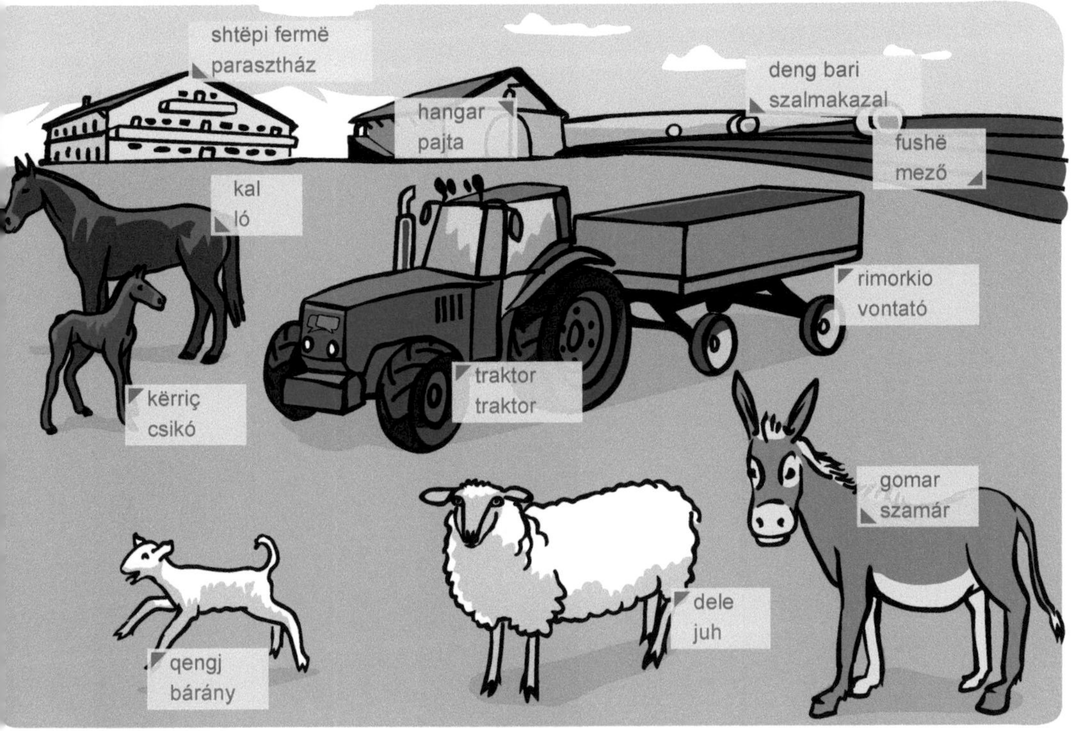
shtëpi fermë
parasztház
hangar
pajta
deng bari
szalmakazal
fushë
mező
kal
ló
rimorkio
vontató
traktor
traktor
kërriç
csikó
gomar
szamár
dele
juh
qengj
bárány

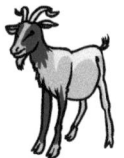

dhi

kecske

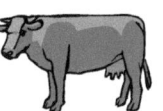

lopë

tehén

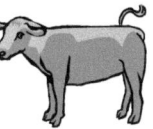

viç

borjú

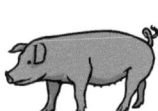

derr

malac

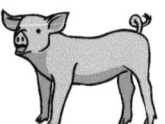

derrkuc

kismalac

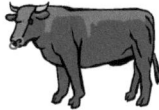

dem

bika

patë
liba

rosë
kacsa

zog pule
csibe

pulë
tojó

gjel
kakas

mi
patkány

mace
macska

mi
egér

buall
ökör

qen
kutya

kolibe qeni
kutyaház

zorrë vaditëse
kerti öntözőcső

vaditëse
öntözőkanna

kosë
kasza

plug
eke

drapër

sarló

shat

kapa

kosa

vasvilla

sëpatë

fejsze

karrocë

talicska

govatë

teknő

bidon qumështi

tejes kancsó

thes

zsák

gardh

kerítés

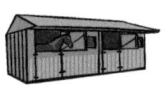

ahur

istálló

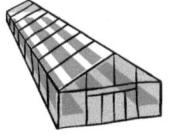

serë

üvegház

dhe

talaj

farë

vetőmag

pleh

trágya

autokombanjë

cséplőgép

korr

szüretelni

te korrat

betakarítás

patate e ëmbël "Yam"

yamgyökér

grurë

búza

soja

szója

patate

burgonya

misër

kukorica

raps

repcemag

pemë frutore

gyümölcsfa

zhardhok manioku

manióka

drithëra

gabona

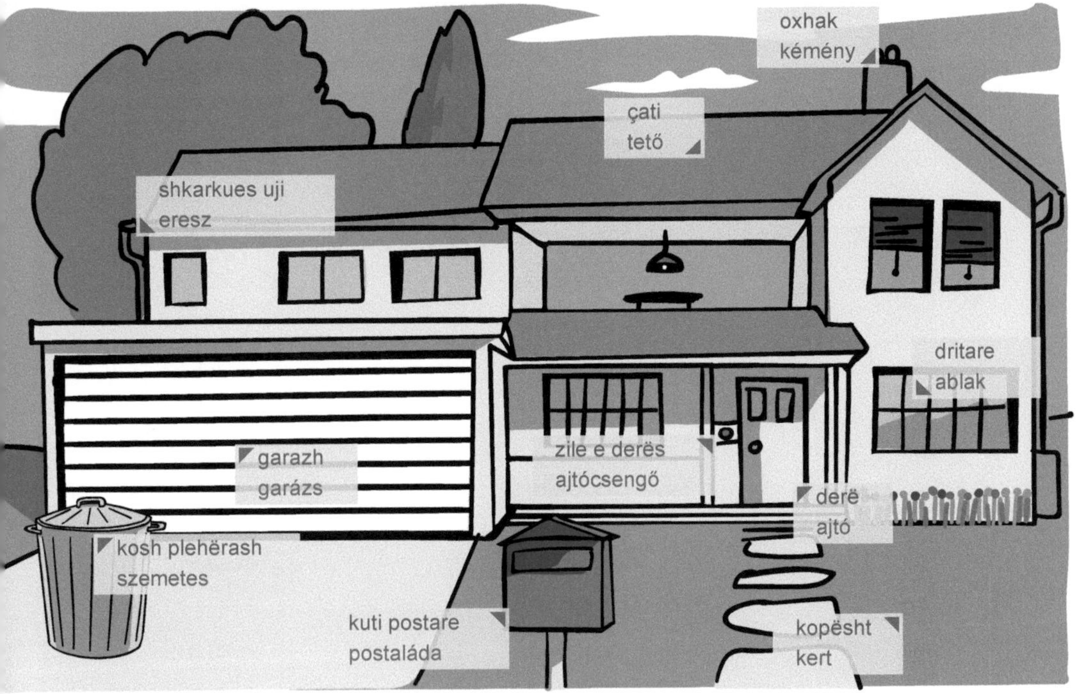

oxhak
kémény

çati
tető

shkarkues uji
eresz

dritare
ablak

garazh
garázs

zile e derës
ajtócsengő

derë
ajtó

kosh plehërash
szemetes

kuti postare
postaláda

kopësht
kert

dhomë ndenjeje

nappali

tualet

fürdőszoba

kuzhinë

konyha

dhomë gjumi

hálószoba

dhomë fëmijësh

gyerekszoba

dhomë ngrënieje

ebédlő

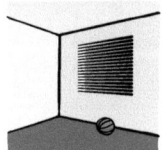

dysheme
padló

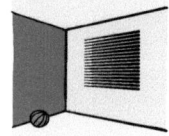

mur
fal

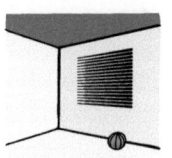

tavan
plafon

bodrum
pince

sauna
szauna

ballkon
erkély

tarracë
terasz

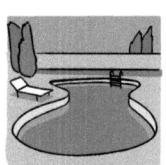

pishinë
medence

kositëse bari
fűnyíró

çarçaf
lepedő

kuvertë
ágytakaró

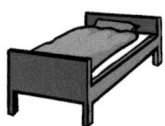

krevat
ágy

fshesë dore
seprű

kovë
vödör

çelës
kapcsoló

dhomë ndenjeje
nappali

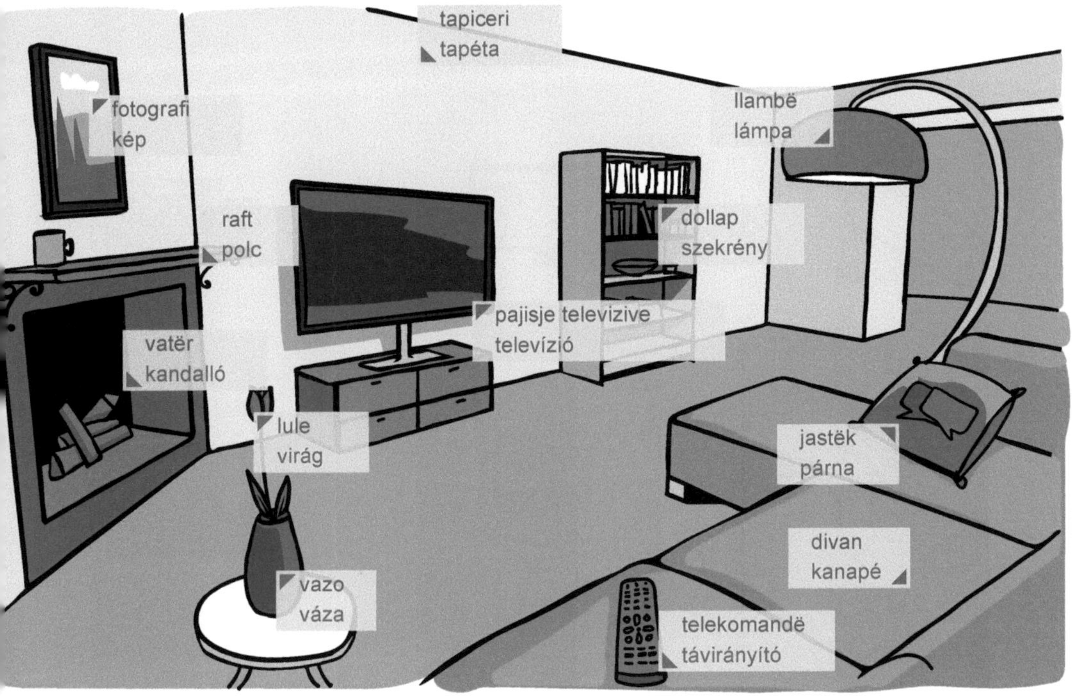
tapiceri
tapéta
fotografi
kép
llambë
lámpa
raft
polc
dollap
szekrény
pajisje televizive
televízió
vatër
kandalló
lule
virág
jastëk
párna
divan
kanapé
vazo
váza
telekomandë
távirányító

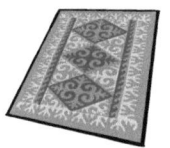

qilim
szőnyeg

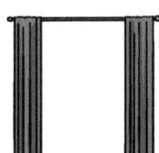

perde
függöny

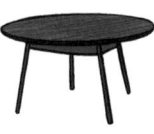

tavolinë
asztal

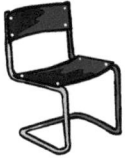

karrige
szék

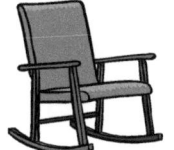

karrige lëkundëse
hintaszék

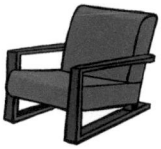

kolltuk
karosszék

libri

könyv

batanije

takaró

zbukurime

dekoráció

dru zjarri

tűzifa

film

film

stereo

hifi

çelës

kulcs

gazetë

újság

pikturë

festmény

afishe

poszter

radio

rádió

bllok shënimesh

jegyzetfüzet

fshesë me korent

porszívó

kaktus

kaktusz

qiri

gyertya

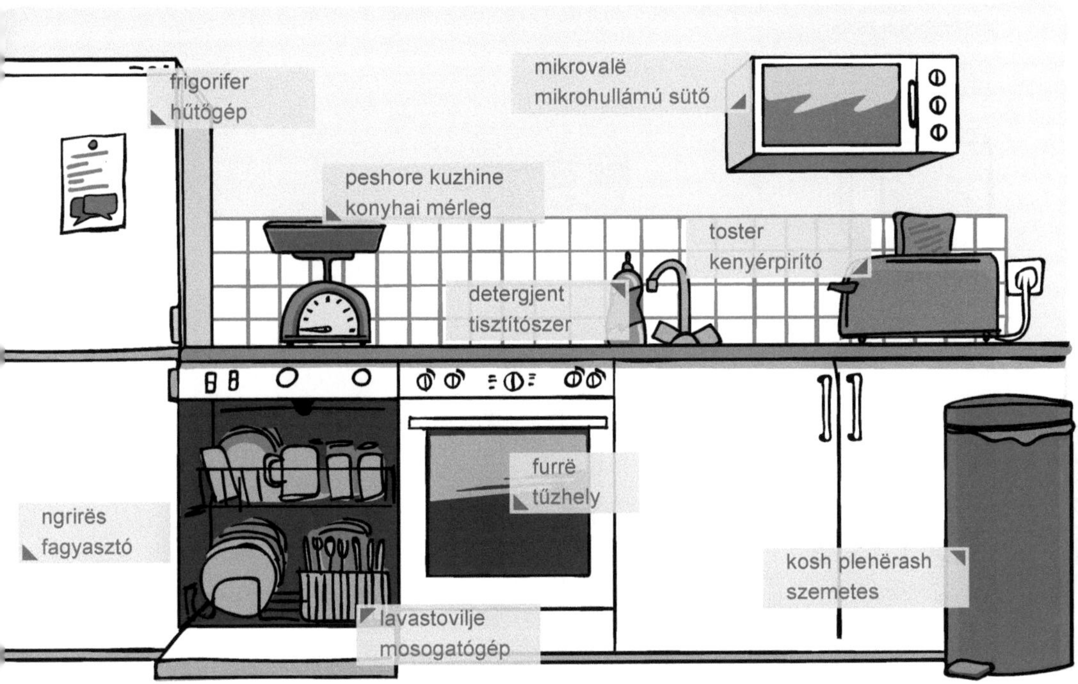

frigorifer
hűtőgép

mikrovalë
mikrohullámú sütő

peshore kuzhine
konyhai mérleg

toster
kenyérpirító

detergjent
tisztítószer

ngrirës
fagyasztó

furrë
tűzhely

kosh plehërash
szemetes

lavastovilje
mosogatógép

sobë

tűzhely

tenxhere

edény

tenxhere me kapak

vasfazék

tigan special (Wok)

wok / kadai

tigan

serpenyő

çajnik

vízforraló

tenxhere me avull

pároló

tavë pjekjeje

tepsi

enë

étkészlet

filxhan

bögre

tas

tálka

shkopinj

evőpálcika

garuzhde

merőkanál

spatul

keverőlapátka

tel kuzhine

habverő

kulluese

szűrő

sitë

szita

rende

reszelő

havan

mozsár

skarë

grillsütő

zjarr

kandalló

dërrasë për prerje

vágódeszka

okllai

sodrófa

heqëse tapash

dugóhúzó

kanaçe

doboz

hapëse kanaçeje

konzervnyitó

rrobë për të kapur tenxheren

edényfogó

lavaman

mosogató

furçë

kefe

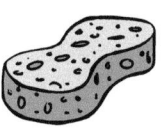

sfungjer

szivacs

përzjerës

turmixgép

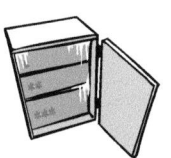

ngrirës

mélyhűtő

biberon për lëngje

cumisüveg

rubinet

csap

kuzhinë - konyha

tualet
fürdőszoba

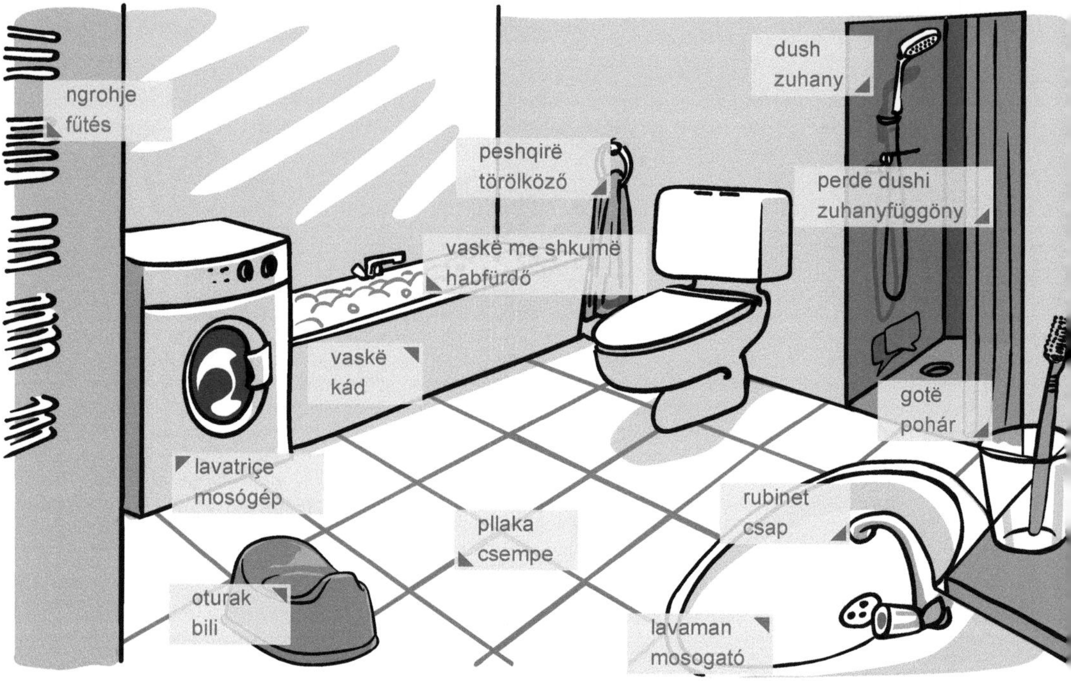

ngrohje
fűtés
dush
zuhany
peshqirë
törölköző
perde dushi
zuhanyfüggöny
vaskë me shkumë
habfürdő
vaskë
kád
gotë
pohár
lavatriçe
mosógép
rubinet
csap
pllaka
csempe
oturak
bili
lavaman
mosogató

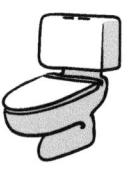

tualet
toalett

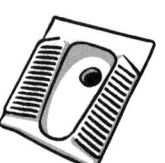

WC e sheshtë
guggolós toalett

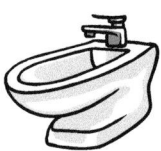

bide
bidé

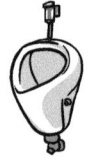

tualet publik
piszoár

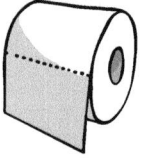

letër higjienike
toalett papír

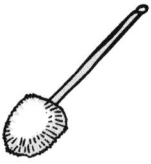

furçe për WC
wc kefe

furçë dhëmbësh

fogkefe

pastë dhëmbësh

fogkrém

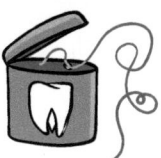

fije dentare

fogselyem

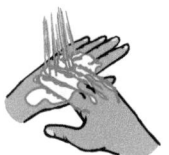

laj

mosni

dorezë dushi

kézi zuhany

larës për zonën intime

intimzuhany

legen

mosdótál

furçë për masazh shpine

hátmosó kefe

sapun

szappan

shampo trupi

tusfürdő

shampo

sampon

leckë pastruese

mosdókesztyű

kullues

lefolyó

krem

krém

antidjersë

dezodor

pasqyrë

tükör

pasqyrë dore

kézitükör

brisk rroje

borotva

shkumë rroje

borotvahab

locion pas rrojes

borotválkozás utáni
arcszesz

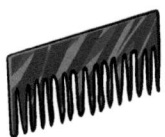

krehër

fésű

furçë

hajkefe

tharëse flokësh

hajszárító

llak për flokët

hajlakk

grim

smink

buzëkuq

ajakrúzs

manikyr

körömlakk

mbushje pambuku

vatta

gërshërë për thonj

körömvágó olló

parfum

parfüm

çantë për sendet personale

neszesszer

Stol

sámli

peshore

mérleg

robëdëshambër

köntös

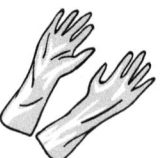

dorashka gome

gumikesztyű

tampon

tampon

peceta higjienike

egészségügyi betét

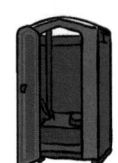

tualet I lëvizshëm

vegyi WC

dhomë fëmijësh

gyerekszoba

orë me zile
ébresztő óra
lodra me pellushë
plüssállat
makinë lodër
játékautó
rraketake
csörgő
shtëpi kukullash
babaház
dhuratë
ajándék

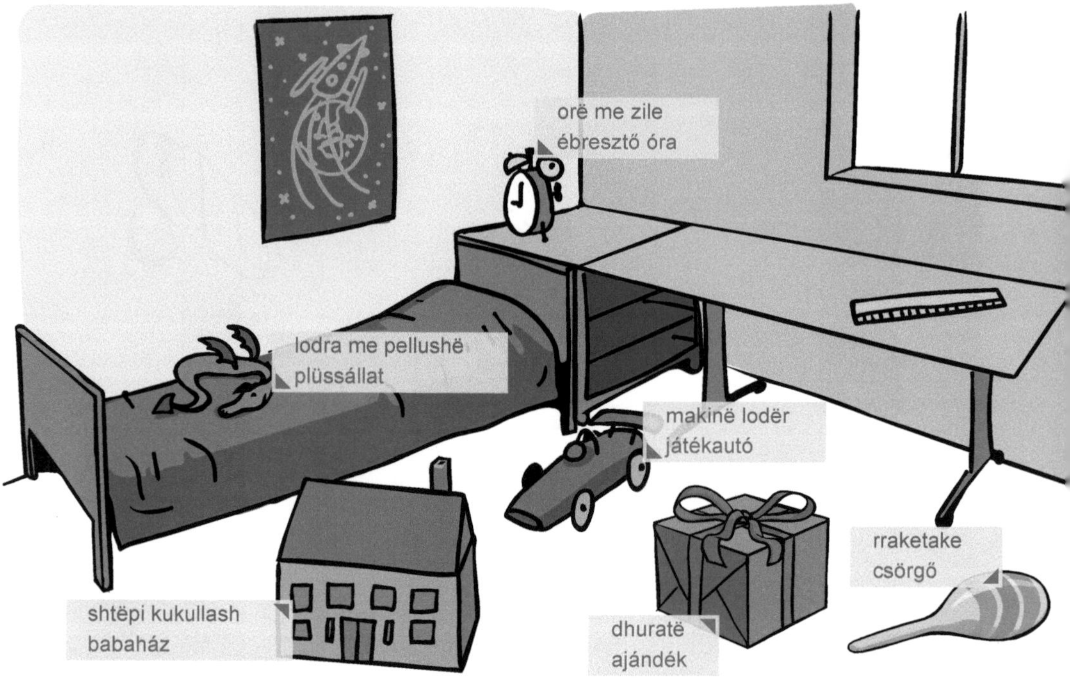

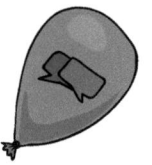

tollumbace

lufi

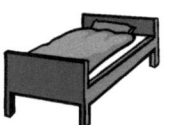

krevat

ágy

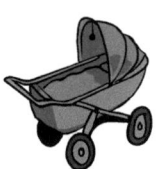

karrocë fëmijësh

babakocsi

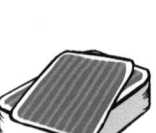

lojë me letra

kártyapakli

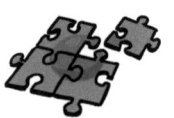

bashkim pjesësh me figura

kirakós játék

SUPER
MEGA

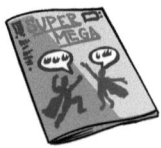

komik

képregény

formuese lodër

építőkockák

kuba plastikë

építőelem

lodra

szuperhős

badi

rugdalózó

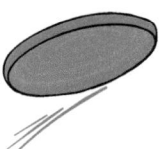

frizbi

frizbi

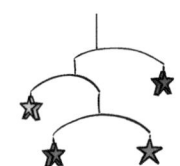

lodra të varura tek krevati i fëmijëve

zenélő forgó

tavolinë lojërash

társasjáték

zare

kocka

model treni

modellvasút

biberon

cumi

festë

zsúr

libër me ilustrime

képeskönyv

top

labda

kukull

baba

luaj

játszani

grumbull rëre

homokozó

kolovarëse

hinta

lodra

játékok

leva për lojra video

videójáték konzol

triçikël

tricikli

arush prej pellushi

teddi maci

garderobë

ruhásszekrény

veshje

ruházat

çorape

zokni

çorape të gjata

harisnya

geta

harisnyanadrág

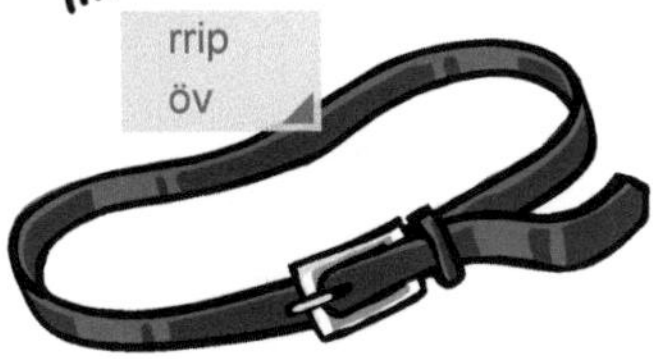

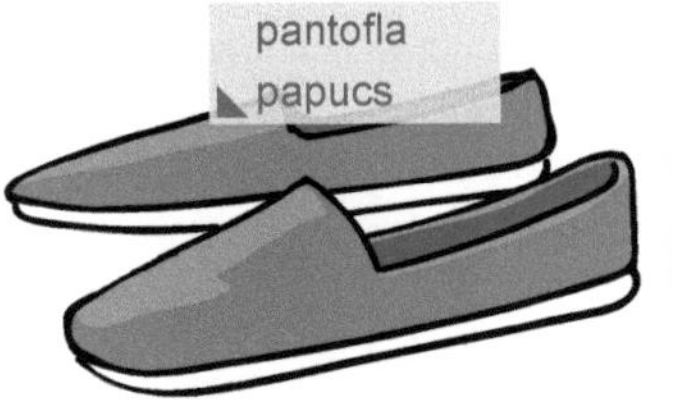

shall
sál

çadër
esernyő

rrip
öv

bluzë pa jakë
póló

çizme
csizma

pantofla
papucs

atlete
tornacipő

sandale
....
szandál

këpucë
....
cipő

çizme llastiku
....
gumicsizma

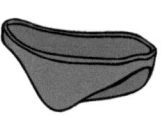

të mbathura
....
alsónadrág

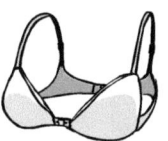

reçipeta
....
melltartó

kanotierë
....
mellény

trup

body

pantallona

nadrág

xhinse

farmer

fund

szoknya

bluzë

blúz

këmishë

ing

pulovër

pulóver

triko

kapucnis pulóver

xhaketë

blézer

xhaketë

dzseki

pallto

kabát

mushama shiu

esőkabát

kostum

kosztüm

fustan

ruha

fustan nusërie

esküvői ruha

kostum

öltöny

këmishë nate

hálóing

pizhama

pizsama

sari (veshje tradicionale indiane)

szári

shami koke

fejkendő

çallmë

turbán

veshje për femrat e besimit musliman

burka

kaftan (lloj veshjeje tradicionale)

kaftán

ferexhe

abaya

kostum banje

fürdőruha

rroba banje

fürdőnadrág

pantallona të shkurtra

rövidnadrág

tuta sporti

tréningruha

përparëse

kötény

dorashka

kesztyű

kopsë
gomb

syze
szemüveg

byzylyk
karkötő

gjerdan
nyaklánc

unazë
gyűrű

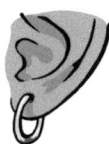

vath
fülbevaló

kapuç
sapka

varëse për pallto
vállfa

kapele
kalap

kravatë
nyakkendő

zinxhir
cipzár

helmetë
bukósisak

tiranda
nadrágtartó

uniformë shkolle
iskolai egyenruha

uniformë
egyenruha

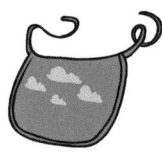

gushore

előke

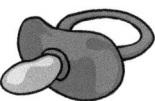

biberon

cumi

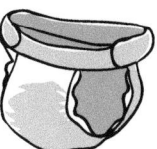

pelenë

pelenka

zyrë
iroda

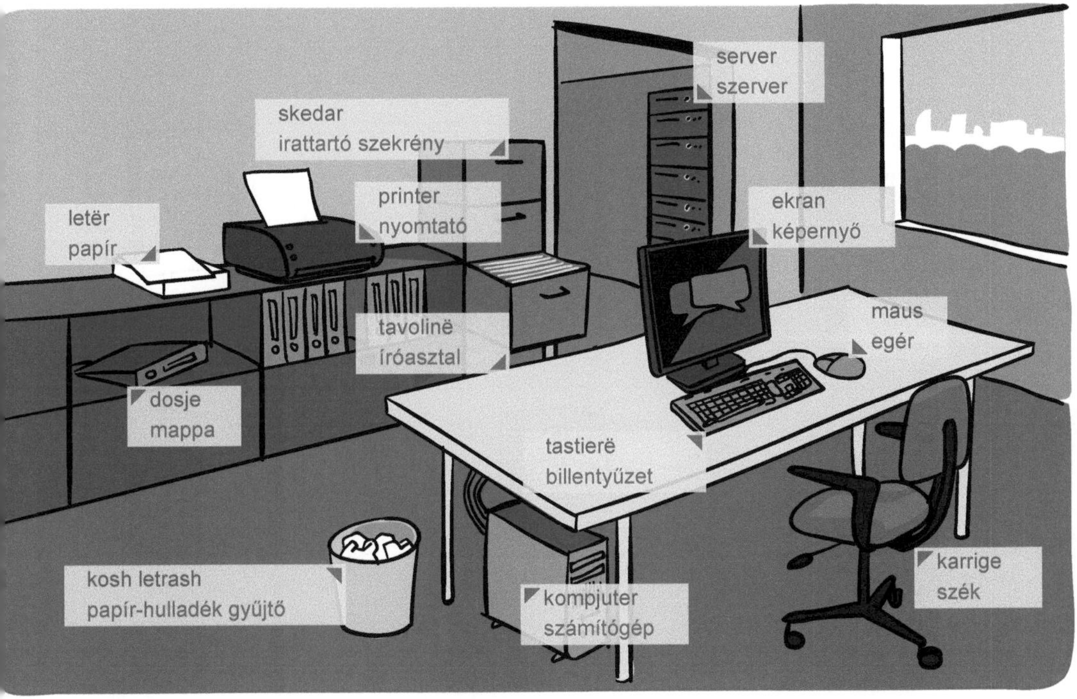
server
szerver
skedar
irattartó szekrény
printer
nyomtató
letër
papír
ekran
képernyő
maus
egér
tavolinë
íróasztal
dosje
mappa
tastierë
billentyűzet
kosh letrash
papír-hulladék gyűjtő
kompjuter
számítógép
karrige
szék

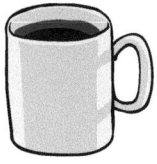

filxhan kafeje

kávéscsésze

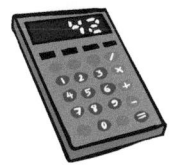

makinë llogaritëse

számológép

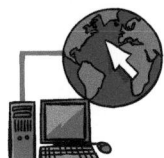

internet

internet

kompjuter portativ

laptop

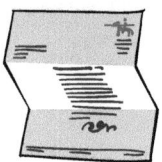

letër

levél

mesazh

üzenet

telefon

mobiltelefon

rrjet

hálózat

fotokopje

fénymásoló

program

szoftver

telefon

telefon

prizë

konnektor

pajisje faksi

faxgép

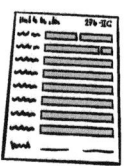

formular

formanyomtatvány

dokument

dokumentum

blej
....
venni

paguaj
....
fizetni

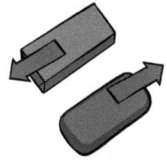

tregtoj
....
kereskedni

para
....
pénz

dollar
....
dollár

euro
....
euró

jen
....
jen

rubla
....
rubel

franga zvicerane
....
svájci frank

juani kinez
....
kínai jüan

rupje
....
rúpia

bankomat
....
bankautomata

pikë këmbimi valutor

valutaváltó iroda

ar

arany

argjend

ezüst

nafta

olaj

energji

energia

çmim

ár

kontratë

szerződés

taksë

adó

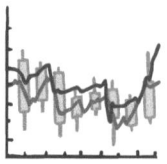

aksione

részvény

punoj

dolgozni

punonjës

munkavállaló

punëdhënës

munkaadó

fabrikë

gyár

dyqan

üzlet

profesionet
foglalkozások

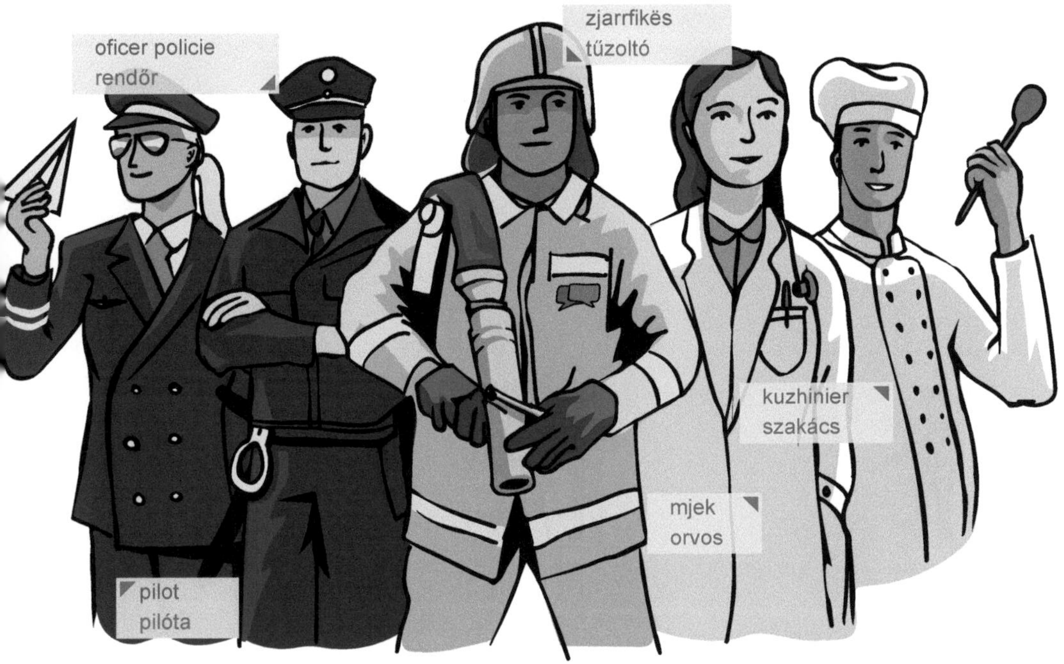
oficer policie
rendőr
zjarrfikës
tűzoltó
kuzhinier
szakács
mjek
orvos
pilot
pilóta

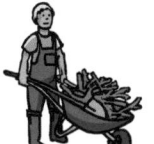

kopshtar

kertész

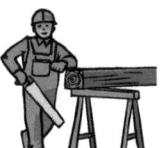

marangoz

kárpitos

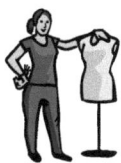

rrobaqepëse

varrónő

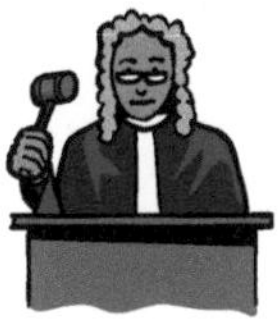

gjykatës

bíró

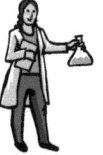

kimist

vegyész

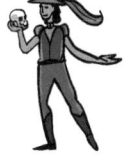

aktor

színész

shofer autobuzi

buszsofőr

taksist

taxisofőr

peshkatar

halász

pastruese

bejárónő

riparues çatish

tetőfedő

kamarier

pincér

gjuetar

vadász

piktor

festő

furrxhi

pék

elektriçist

villanyszerelő

ndërtues

építőmunkás

inxhinier

mérnök

kasap

hentes

hidraulik

vízvezeték-szerelő

postieri

postás

ushtar

katona

arkitekt

építész

arkëtar

eladó

luleshitës

virágos

berber

fodrász

kontrollor

kalauz

mekanik

műszerész

kapiten

kapitány

dentist

fogorvos

shkencëtar

tudós

rabin

rabbi

imam

imám

murg

szerzetes

klerik

lelkész

mjete
szerszámok

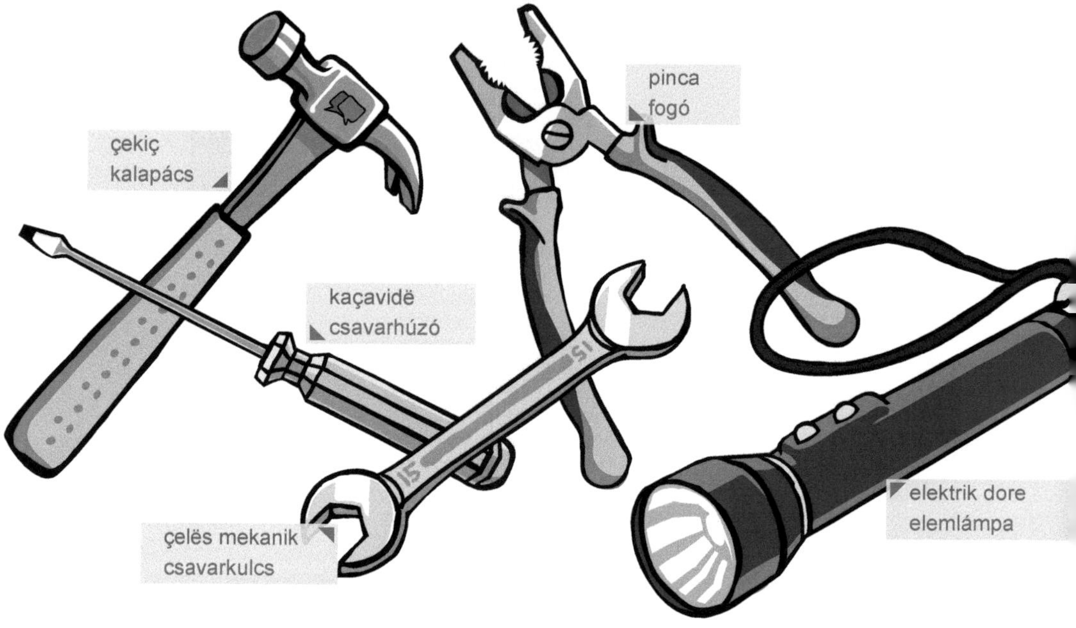
çekiç
kalapács
pinca
fogó
kaçavidë
csavarhúzó
çelës mekanik
csavarkulcs
elektrik dore
elemlámpa

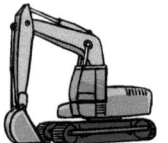

ekskavator

markológép

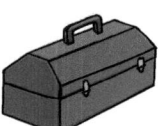

kuti veglash

szerszámosláda

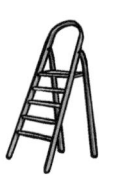

shkallë

vödör

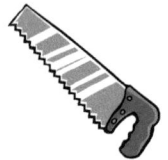

sharrë

fűrész

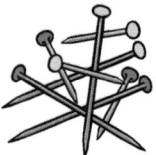

gozhdë

szög

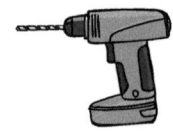

trapan

fúrógép

riparoj

megjavítani

lopatë

lapát

Dreq!

A francba!

kaci

szemétlapát

kuti boje

festékesdoboz

vidhë

csavar

instrumenta muzikorë
hangszerek

altoparlant
hangszóró

bateri
dobfelszerelés

kontrabas
nagybőgő

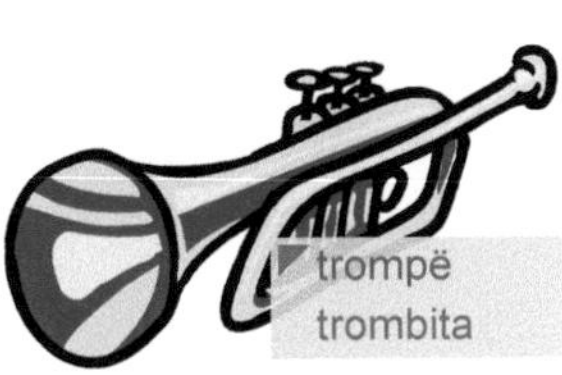

trompë
trombita

kitare
gitár

piano

zongora

violinë

hegedű

bas

basszusgitár

tamburë

üstdob

daulle

dobok

tastierë pianoje

digitális zongora

saksofon

szaxofon

flaut

fuvola

mikrofon

mikrofon

instrumenta muzikorë - hangszerek

kopsht zoologjik
állatkert

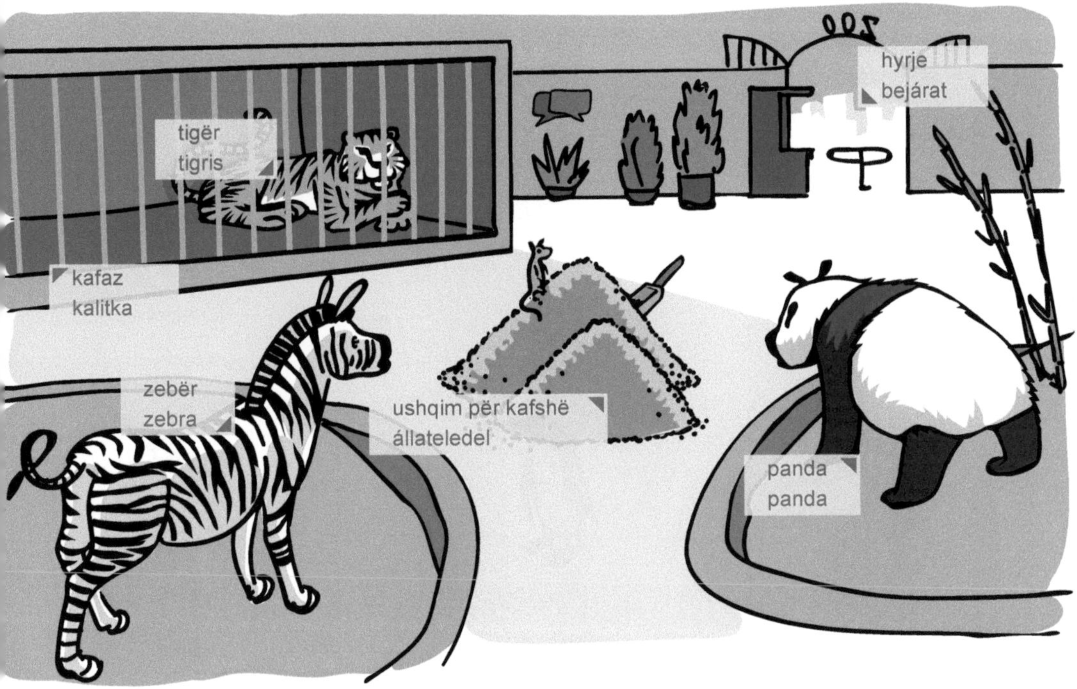
tigër
tigris
kafaz
kalitka
zebër
zebra
ushqim për kafshë
állateledel
panda
panda
hyrje
bejárat

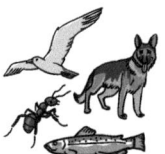

kafshë

állatok

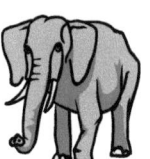

elefant

elefánt

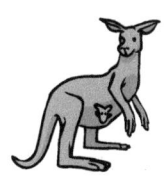

kangur

kenguru

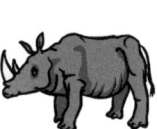

rinoceront

orrszarvú

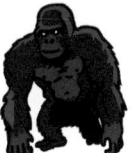

gorillë

gorilla

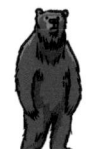

ari

medve

deve

teve

struc

strucc

luan

oroszlán

majmun

majom

flamingo

flamingó

papagall

papagáj

ari polar

jegesmedve

pinguin

pingvin

peshkaqen

cápa

pallua

páva

gjarpër

kígyó

krokodil

krokodil

punonjës i kopshtit zoologjik

állatgondozó

fokë

fóka

xhaguar

jaguár

poni

pónió

leopard

leopárd

hipopotam

víziló

gjirafë

zsiráf

shqiponjë

sas

derr i egër

vaddisznó

peshk

hal

breshkë

teknős

lopë deti

rozmár

dhelpër

róka

gazelë

gazella

futboll amerikan
amerikai futball

çiklizëm
kerékpározás

tenis
tenisz

basketboll
kosárlabda

not
úszás

boks
boksz

hokej mbi akull
jégkorong

futboll	badminton	atletikë
futball	tollas	atlétika
hendboll	ski	polo
kézilabda	síelés	lovaspóló

hidhem
ugrani

qesh
nevetni

përqafoj
ölelni

eci
sétálni

këndoj
énekelni

ëndërroj
álmodni

lutem
dicsérni

puth
csókolni

shkruaj

írni

vizatoj

rajzolni

tregoj

mutatni

shtyj

tolni

jap

adni

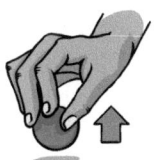

marr

vinni

kam
birtokolni

bëj
csinálni

jam
lenni

qëndroj
állni

vrapoj
futni

tërheq
húzni

hedh
hajít

bie
esni

shtrihem
hazudni

pres
várni

mbaj
vinni

ulem
ülni

vishem
felvenni

fle
aludni

zgjohem
felébredni

aktivitet - tevékenységek

shikoj

ránézni

qaj

sírni

përkëdhel

simogat

kreh

fésülni

bisedoj

beszélni

kuptoj

megérteni

kërkoj

kérdezni

dëgjoj

hallgatni

pi

inni

ha

enni

sistemoj

takarítani

dashuroj

szeretni

gatuaj

főzni

drejtoj makinën

vezetni

fluturoj

szállni

lundroj

vitorlázni

llogaris

számol

lexoj

olvasni

mësoj

tanulni

punoj

dolgozni

martohem

házasodni

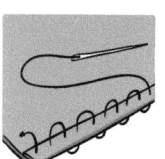

qep

varrni

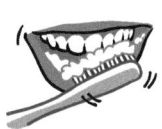

laj dhëmbët

fogat mosni

vras

ölni

tymos

dohányozni

dërgoj

küldeni

gjyshe
nagymama

bebe
kisbaba

nënë
anya

gjysh
nagypapa

baba
apa

vajzë
lány

djalë
fiú

mysafir

vendég

teze, hallë

nagynéni

dajë, xhaxha

nagybácsi

vëlla

fiútestvér

motër

lánytestvér

trupi
test

balli
homlok
syri
szem
shpatulla
váll
gishti
ujj
fytyra
arc
mjekra
áll
dora
kéz
këmba
láb
krahërori
mell
krahu
kar

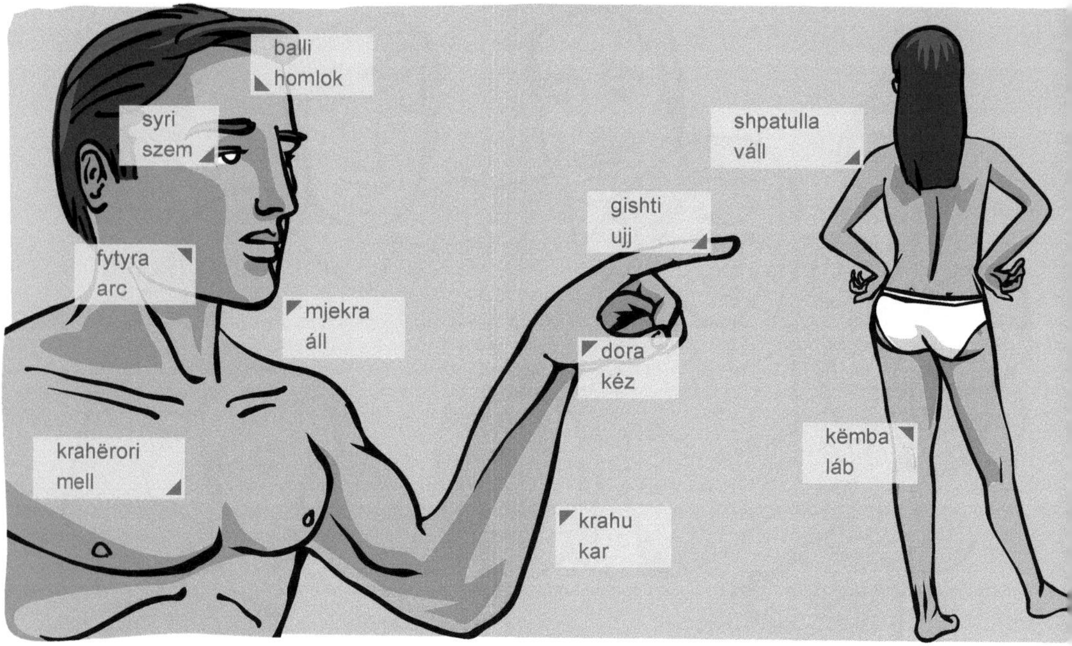

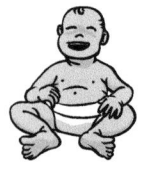

bebe
kisbaba

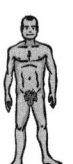

burrë
ember

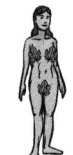

grua
nő

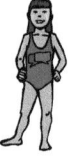

vajzë
lány

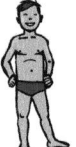

djalë
fiú

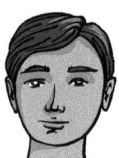

koka
fej

shpina

hát

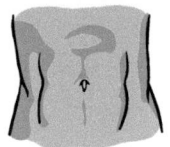

barku

has

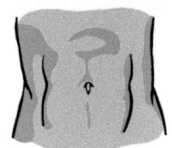

kërthiza

köldök

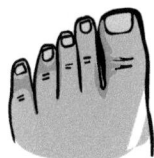

gisht këmbe

lábujj

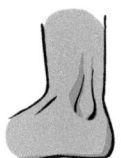

Thembra

sarok

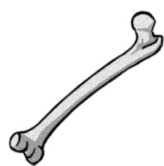

kockë

csont

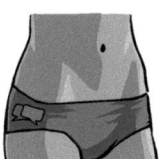

legeni

csípő

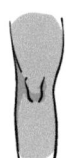

gjuri

térd

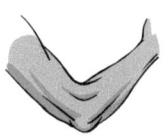

bërryli

könyök

hunda

orr

vithe

fenék

lëkura

bőr

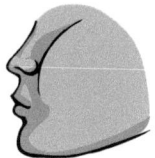

faqja

orca

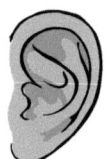

veshi

fül

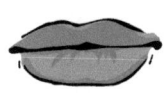

buza

ajak

goja

száj

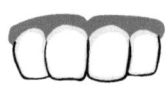

dhëmbët

fog

gjuha

nyelv

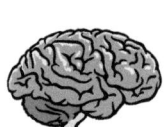

truri

agy

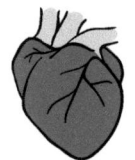

zemra

szív

muskul

izom

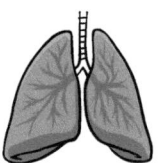

mushkëria

tüdő

mëlçia

máj

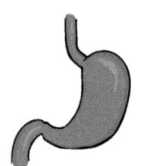

stomaku

gyomor

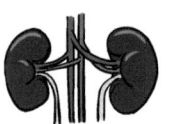

veshka

vese

seks

szex

prezervativ

kondom

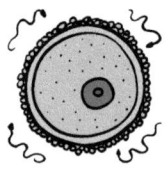

veza

petesejt

sperma

sperma

shtatëzani

terhesség

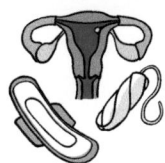

menstruacione

menstruáció

vagina

vagina

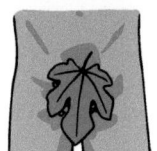

penis

pénisz

vetulla

szemöldök

flokët

haj

qafa

nyak

spital
kórház

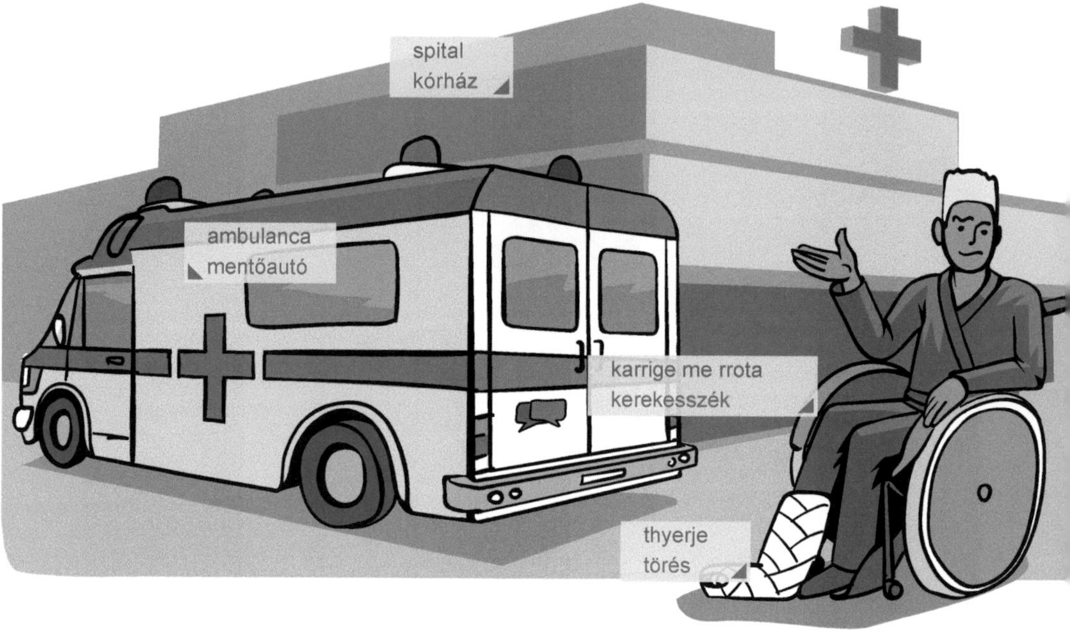

spital
kórház
ambulanca
mentőautó
karrige me rrota
kerekesszék
thyerje
törés

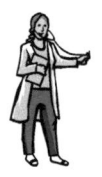

mjek

orvos

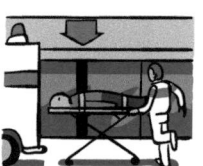

sallë urgjencash

sürgősségi osztály

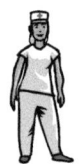

infermiere

ápoló

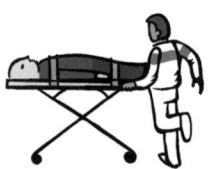

emergjencë

vészhelyzet

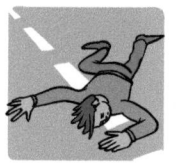

i pandërgjegjshëm

eszméletlen

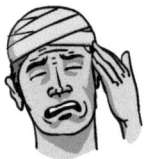

dhimbje

fájdalom

dëmtim

sérülés

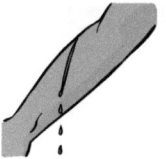

gjakosje

vérzés

infarkt

szívroham

goditje

szélütés

alergji

allergia

kolla

köhögés

ethe

láz

grip

influenza

diarre

hasmenés

dhimbje koke

fejfájás

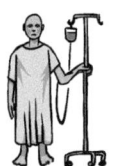

kancer

rák

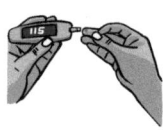

diabet

cukorbetegség

kirurg

sebész

bisturi

szike

operacion

műtét

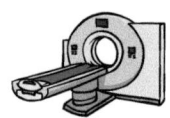

CT (skaner)

CT

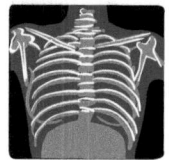

radiografi

röntgen

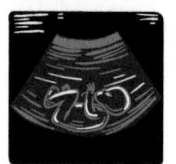

ultratingull

ultrahang

maskë fytyre

arcmaszk

sëmundje

betegség

dhomë pritjeje

váróterem

paterica

mankó

leukoplast

sebtapasz

fasho

kötszer

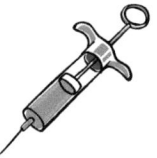

injeksion

injekció

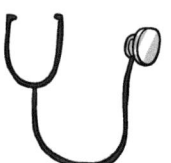

stetoskop

sztetoszkóp

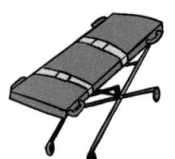

barelë

hordágy

termometër

klinikai hőmérő

lindje

születés

mbipeshë

túlsúly

aparat dëgjimi

hallókészülék

dezinfektant

fertőtlenítőszer

infeksion

fertőzés

virus

vírus

HIV / AIDS

HIV/AIDS

mjekësi, mjekim

orvosság

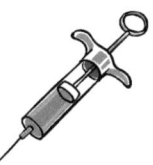

vaksinim

oltás

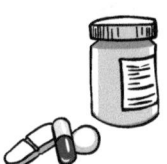

tableta

tabletták

pilulë

tabletta

telefonatë emergjence

sürgősségi hívás

aparat tensioni

vérnyomásmérő

i sëmurë / i shëndetshëm

betegség / egészség

Ndihmë!

Segítség!

alarm

riasztás

sulm

rajtaütés

atak

támadás

rrezik

veszély

dalje emergjence

vészkijárat

Zjarr!

tűz!

fikëse zjarri

tűzoltókészülék

aksident

baleset

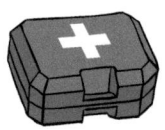

kuti e ndimës së shpejtë

elsősegélycsomag

SOS

SOS

policia

rendőrség

Europa

Európa

Amerika e Veriut

Észak-Amerika

Amerika e Jugut

Dél-Amerika

Afrika

Afrika

Azia

Ázsia

Australia

Ausztrália

Atlantiku

Atlanti-óceán

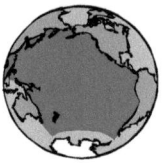

Paqësori

Csendes-óceán

Oqeani Indian

Indiai-óceán

Oqeani Antarktik

Déli-óceán

Oqeani Arktik

Jeges-tenger

Poli i veriut

Északi-sark

Poli i Jugut

Déli-sark

Antarktida

Antarktisz

toka

föld

tokë

szárazföld

det

tenger

ishull

sziget

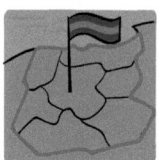

komb

nemzet

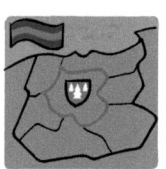

shtet

állam

fusha e orës

számlap

akrepi i orës

kismutató

akrepi i minutave

nagymutató

akrepi i sekondave

másodpercmutató

Sa është ora?

Mennyi az idő?

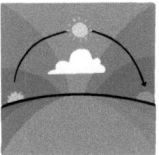

ditë

nap

kohë

idő

tani

most

orë dixhitale

digitális óra

minutë

perc

orë

óra

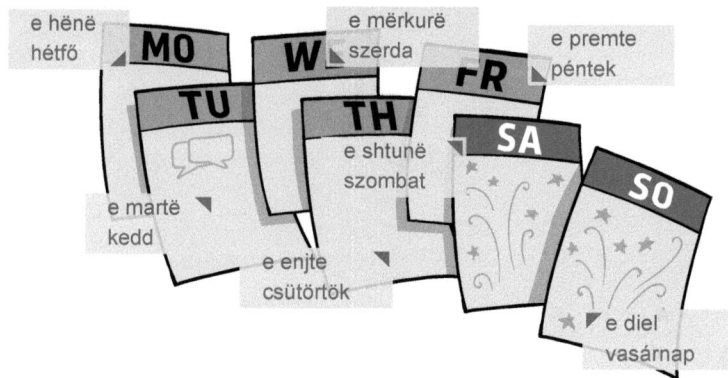

e hënë
hétfő

e mërkurë
szerda

e premte
péntek

e martë
kedd

e shtunë
szombat

e enjte
csütörtök

e diel
vasárnap

dje

tegnap

sot

ma

nesër

holnap

mëngjes

reggel

mesditë

dél

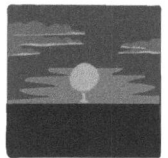

mbrëmje

este

ditë pune

hétköznap

fundjavë

hétvége

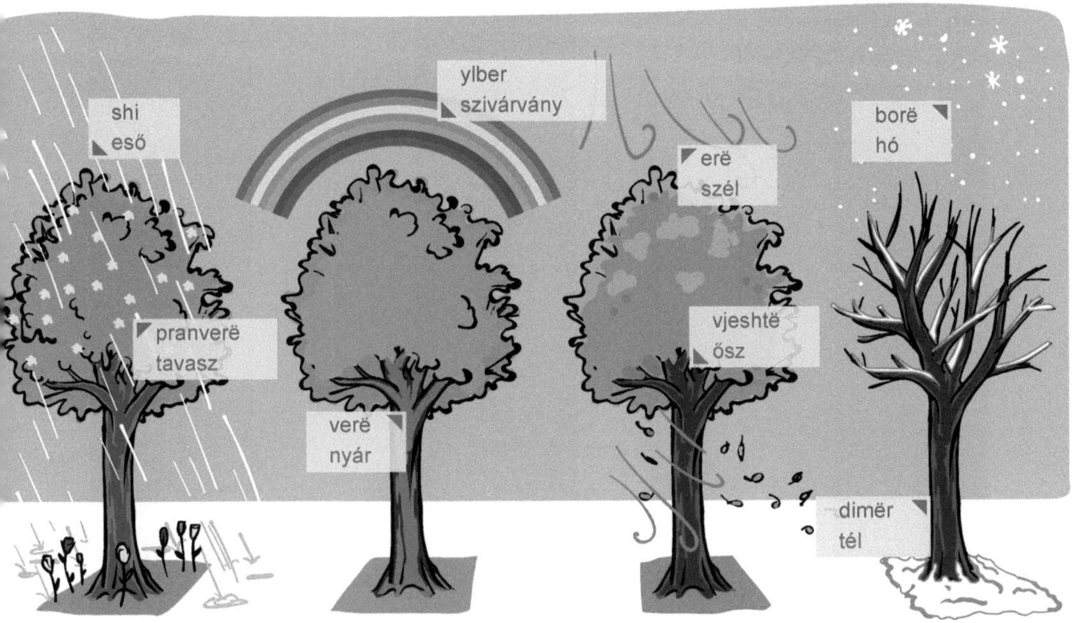

shi
eső
ylber
szivárvány
erë
szél
borë
hó
pranverë
tavasz
verë
nyár
vjeshtë
ősz
dimër
tél

4.APRIL 11°
5.APRIL 4°
6.APRIL 13°
7.APRIL 8°
8.APRIL 10°

parashikimi i motit

időjárás előrejelzés

F
C
120
90
60
30
0
-30
40
30
20
10
0
-10
-20

termometër

hőmérő

ndriçim dielli

napsütés

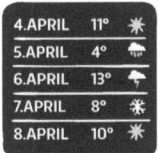

re

felhő

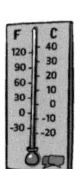

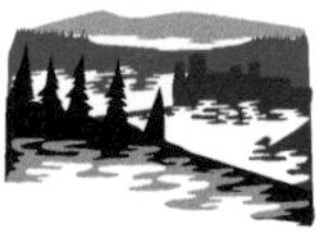

mjegull

köd

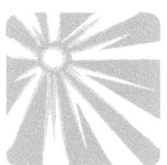

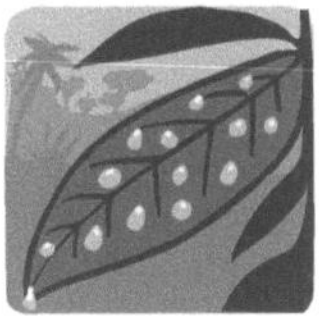

lagështi

páratartalom

vetëtima

villámlás

gjëmim

mennydörgés

stuhi

vihar

breshër

jégeső

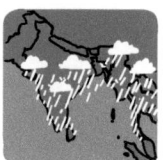

muson

monszun

përmbytje

áradás

akull

jég

janar

január

shkurt

február

mars

március

prill

április

maj

május

qershor

június

korrik

július

gusht

augusztus

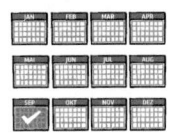

shtator
....
szeptember

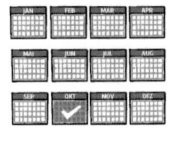

tetor
....
október

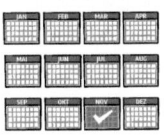

nëntor
....
november

dhjetor
....
december

forma
alakzatok

rreth
....
kör

katror
....
négyzet

drejtkëndësh
....
téglalap

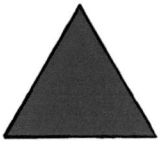

trekëndësh
....
háromszög

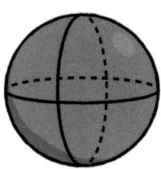

sferë
....
gömb

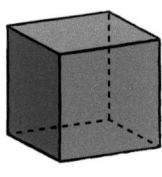

kub
....
kocka

e bardhë

fehér

e verdhë

sárga

portokalli

narancs

rozë

rózsaszín

e kuqe

piros

vjollcë

lila

blu

kék

e gjelbër

zöld

kafe

barna

gri

szürke

e zezë

fekete

shumë / pak

sok / kevés

i nevrikosur / i qetë

mérges / nyugodt

i bukur / i shëmtuar

szép / csúnya

fillim / fund

kezdet / vég

i madh / i vogël

nagy / kicsi

i ndritshëm / i errët

világos / sötét

vëlla / motër

fivér / nővér

e pastër / e pistë

tiszta / koszos

e plotë / jo e plotë

teljes / nem teljes

ditë / natë

nappal / éjszaka

gjallë / vdekur

halott / élő

i gjerë / i ngushtë

széles / keskeny

i ngrënshëm / i pangrënshëm

ehető / nem ehető

i keq / i këndshëm

gonosz / kedves

i lumtur / i mërzitur

izgatott / unott

i shëndoshë / i dobët

kövér / vékony

e para / e fundit

elsö / utolsó

mik / armik

barát / ellenség

plot / bosh

teli / üres

e fortë / e butë

kemény / puha

e rëndë / e lehtë

nehéz / könnyű

uri / etje

éhség / szomjúság

i sëmurë / i shëndetshëm

betegség / egészség

e paligjshme / e ligjshme

illegális / legális

i zgjuar / budalla

intelligens / buta

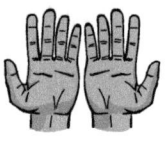

majtas / djathtas

bal / jobb

afër / larg

közel / távol

e re / e përdorur

új / használt

asgjë / diçka

semmi / valami

i moshuar / i ri

idős / fiatal

ndezur / fikur

be / ki

hapur / mbyllur

nyitva / zárva

i qetë / i zhurmshëm

csendes / hangos

i pasur / i varfër

gazdag / szegény

e drejtë / e gabuar

helyes / helytelen

i ashpër / i butë

érdes / sima

i mërzitur / i lumtur

szomorú / vidám

i shkurtër / i gjatë

rövid / hosszú

ngadalë / shpejt

lassú / gyors

i lagësht / i thatë

nedves / száraz

ngrohtë / freskët

meleg / hideg

luftë / paqe

háború / béke

0

zero

nulla

1

një

egy

2

dy

kettő

3

tre

három

4

katër

négy

5

pesë

öt

6

gjashtë

hat

7

shtatë

hét

8

tetë

nyolc

9

nentë

kilenc

10

dhjetë

tíz

11

njëmbëdhjetë

tizenegy

12

dymbëdhjetë

tizenkettő

13

trembëdhjetë

tizenhárom

14

katërmbëdhjetë

tizennégy

15

pesëmbëdhjetë

tizenöt

16

gjashtëmbëdhjetë

tizenhat

17

shtatëmbëdhjetë

tizenhét

18

tetëmbëdhjetë

tizennyolc

19

nentëmbëdhjetë

tizenkilenc

20

njëzetë

húsz

100

qind

száz

1.000

mijë

ezer

1.000.000

milion

millió

anglisht

angol

anglishte amerikane

amerikai angol

kinezisht mandarin

mandarin kínai

hindi

hindi

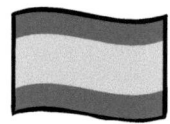

spanjisht

spanyol

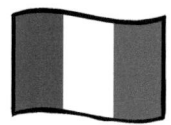

frëngjisht

francia

arabisht

arab

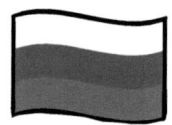

rusisht

orosz

portugalisht

portugál

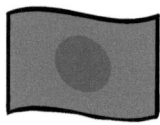

bengalisht

bengáli

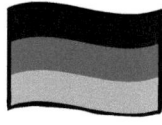

gjermanisht

német

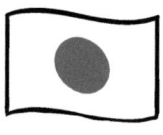

japonisht

japán

unë

én

ti

te

ai / ajo

ő

ne

mi

ju

ti

ata

ők

kush?

ki?

çfarë?

mi?

si?

hogyan?

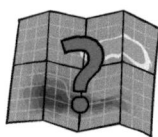

ku?

hol?

kur?

mikor?

emër

név

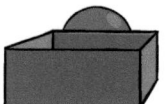

pas
....
mögött

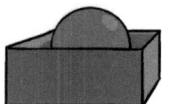

në
....
benne

përballë
....
elötte

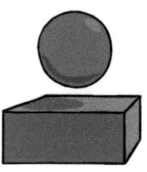

sipër
....
felette

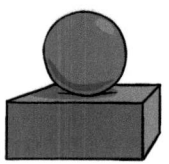

mbi
....
rajta

poshtë
....
alatta

pranë
....
mellett

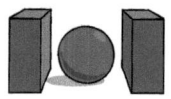

midis
....
között

vend
....
hely